AF219103

Bern

lieben lernen

Der perfekte Reiseführer für einen unvergessli-chen Aufenthalt in Bern inkl. Insider-Tipps, Tipps zum Geldsparen und Packliste

Michaela Schwill

Alle Ratschläge in diesem Buch wurden sorgfältig erwogen und geprüft. Eine Garantie kann dennoch nicht übernommen werden. Eine Haftung für jegliche Personen-, Sach- und Vermögensschäden ist daher ausgeschlossen. Die Benutzung dieses Buches und die Umsetzung der darin enthaltenen Informationen erfolgt ausdrücklich auf eigenes Risiko.

✈ INHALT

Das erwartet Sie in diesem Buch

Sie möchten eine Reise nach Bern unternehmen, aber haben noch keine Idee, wie sie diese gestalten können? Dann haben Sie beim Kauf dieses Buches die richtige Entscheidung getroffen. Denn hier werden Sie garantiert erfahren, welche Sehenswürdigkeiten sich lohnen, besichtigt zu werden. In diesem Reiseführer erhalten Sie zahlreiche Tipps, damit die Reise in die Bundeshauptstadt der Schweiz zu einem unvergesslichen Erlebnis wird. Bei einem Besuch in Bern denken viele

Touristen sofort an den Bärenpark oder die Altstadt. Allerdings hat Bern weitaus mehr zu bieten als nur diese Attraktionen.

Sie erfahren alles über die Stadt Bern. Von der Entstehung des Stadtnamens, wie die Stadt zu ihrem Wappen kam, bis hin zum aktuellen architektonischen Bild der Stadt. Außerdem erhalten Sie allerlei Wissenswertes über die Bewohner, deren Klischees oder darüber, welcher Eigenarten sie sich bedienen. Außerdem erhalten Sie exklusive Tipps zur Wahl der Unterkunft, denn Bern hat einige schöne Unterkünfte zu bieten. Sofern Sie fernab des Massentourismus die Stadt entdecken möchten, erhalten Sie hier in diesem Reiseführer zahlreiche anregende Ideen, um Ihren Urlaub ganz besonders werden zu lassen. Weiterhin erhalten Sie Insidertipps, wie Sie Bern mit einem kleinen Budget in vollen Zügen genießen können. Nachdem Sie diesen Reiseführer gelesen haben, können Sie Ihre Reise nach Bern kaum noch erwarten.

Was macht Bern besonders?

Bei einem Urlaub in der Schweiz denken viele an einen Wanderurlaub oder eine Pistengaudi in St. Moritz. Genf, Luzern oder aber auch Zürich werden gerne vorwiegend für einen Städtetrip in die Schweiz gewählt. Bei den meisten Touristen fällt die Wahl nicht direkt auf Bern, denn im Gegensatz zu anderen Städten wie Luzern, Basel oder Genf ist Bern verhältnismäßig klein. Im Jahr 2017 wies Bern rund 133.115 Einwohner auf, während in Genf 198.979 und in Basel 171.017

Einwohner zu verzeichnen waren.

Zwar ist Bern die Bundeshauptstadt der Schweiz sowie die Hauptstadt des gleichnamigen Kantons Bern, dennoch handelt es sich um eine relativ kleine Stadt. Hier herrscht eine gemütliche Atmosphäre und überwiegend sind hier Einheimische anzutreffen. Die Berner grämen sich jedoch nicht, dass kaum Touristen dieser Stadt einen Besuch abstatten. Stattdessen genießen sie bei gutem Wetter ihre wunderschöne Altstadt oder aber auch einen imposanten Ausblick auf die Alpen. Die große Anzahl von wunderschönen und unübertrefflichen Orten macht die Bundeshauptstadt zu etwas ganz Besonderem. Das liegt unter anderem an den alten Häusern, aus denen die Altstadt vorwiegend besteht. Diese verleihen der Stadt das gewisse Etwas. Entlang der Spitalgasse sind viele Lauben zu erblicken. Diese haben in Bern mittlerweile einen gewissen Bekanntheitsgrad. Sie bieten nicht nur Schutz vor Regen, sondern sind auch optisch sehr attraktiv. So können die Besucher problemlos bei ihrem Shoppingtrip unter den Lauben Unterschlupf vor Regen oder der prallen Sonne finden, während sie von Geschäft zu Geschäft huschen.

Charakteristisch für die Hauptstadt ist der Bär auf dem Wappen. Und diesen kann man nicht nur auf dem Berner Wappen entdecken. Der Bärengraben ist auch für Einheimische eine besondere Attraktion. Denn hier kann man kleine und große Bären beobachten. Der Bärengraben zieht sich entlang der Aare. In keiner anderen Stadt in der Schweiz haben Bären ihren natürlichen Lebensraum mitten in der Stadt an der Aare. So können sie sich ganz entspannt in der Sonne aalen. Selten lassen sich die Bären im Bärenpark aus der Ruhe bringen. Sie sind bekannt für ihre ruhige und gemütliche Art. Und diese haben die Bären auf die Bewohner Berns übertragen. Nicht umsonst ist diese Stadt geprägt von Ruhe und Gemütlichkeit. Diejenigen, die dem Stress des Alltags entfliehen möchten, sollten unbedingt Bern besuchen.

Jedoch sind die Bären nicht nur im Bärenpark zu erspähen. So, wie Touristen die Freiheitsstatue mit New York oder den Eiffelturm mit Paris assoziieren, gehört der Bär zu Bern. Denn dieser ist in der Bundeshauptstadt überall zu finden. Den Eingang des Parlamentsgebäudes schmücken zwei Bären. An jedem Kiosk kann man die Bärenzeitung erstehen und

Fahrten mit dem Bärentaxi gehören in Bern zum Alltag.

Aber dies ist genau das, was Bern ausmacht. Ein angenehmes, mildes Klima schafft eine entspannte Atmosphäre. Obwohl die Stadt sehr klein ist, kann sie viele positive Gefühle schenken. Nicht nur so mancher Tourist bekommt Herzklopfen, sobald die Uhr am Zeitglockenturm zu schlagen beginnt. Diese bekannte Sehenswürdigkeit kann sich über zahlreiche Verehrer freuen.

Obwohl Bern eine sehr kleine Stadt ist, können die Bewohner stolz auf so manche bekannte Persönlichkeit sein. Einsteins Relativitätstheorie findet in Bern ihre Wurzeln. Die Stadt Bern erfreute sich bei Goethe großer Beliebtheit. Nicht umsonst trieb es ihn des Öfteren nach Bern. So sagte er wohl im Jahre 1779, dass Bern die schönste Stadt sei, die er je gesehen hat. Deshalb ist es nicht verwunderlich, dass die Berner Universität den Titel „Goethe-Universität" trägt. Die allseits bekannte Toblerone wurde ebenfalls in Bern erfunden und hat dort ihre Heimat.

Wer Überraschungen liebt, sollte unbedingt nach Bern reisen, denn diese Stadt hält für ihre Besucher genau diese bereit. Sie zeigt sich von sehr vielen Facetten. Für einen Besuch in Bern sollte man sich Zeit nehmen. Denn nur so kann man die Stadt mit allem, was sie zu bieten hat, entdecken.

Das Parlamentsgebäude mit seiner wunderschönen Kuppelhalle, eindrucksvollen Wandgemälden sowie Fresken an der Decke ist definitiv einen Besuch wert. Nicht umsonst strömen jährlich über 100.000 Besucher herbei, um dieses imposante Bauwerk von innen und außen zu bewundern. Im Parlamentsgebäude sind die sieben Bundesräte ansässig, von denen die Schweiz regiert wird. Diese werden scherzhaft die „sieben Zwerge" genannt. Allerdings sind sieben Bundesräte kein Zufall. Sie sollen dazu dienen, zu verhindern, dass einzelne Personen zu viel Macht erlangen. Außerdem sollen jegliche wichtige politische Kräfte in die Entscheidungen mit eingebunden werden.

Brunnenliebhaber kommen in Bern definitiv auf ihre Kosten. Die Bundeshauptstadt wird nicht umsonst im Volksmund Stadt der Brunnen genannt. Die mittelalterlichen Straßen und Gässchen zieren unzählige Brunnen. Diese runden das Bild von reich verzierten Münstern, einem 500 Jahre alten Uhrenturm sowie den schönen Laubengängen ab. Die

Brunnen wurden liebevoll mit viel Sorgfalt gestaltet, deshalb stechen sie mit kunstvoll farbigen Figuren geradezu aus der Menge heraus. Aber nicht immer ist der Anblick dieser Figuren positiv und herzerwärmend. Der Kindlifresserbrunnen, welcher im Jahre 1545 auf dem Kornhausplatz errichtet wurde, hat inzwischen weltweit einen hohen Bekanntheitsgrad erlangt., denn auf diesem sitzt ein Mann und verspeist ein Kind. Im Mittelalter war dies eine weit verbreitete Kinderschreckfigur. Allerdings sind nicht sämtliche Motive auf das Mittelalter zurückzuführen. Der Gegenentwurf zu diesem Brunnen befindet sich nur wenige Schritte vom Rathaus entfernt. Dieser Säulenstumpf mit einer Treppe trägt bewusst den Namen „Keine Brunnenfigur". Auf diesem Brunnen kann man selbst in den Genuss kommen, Brunnenfigur zu spielen. Denn der Säulenstumpf ist extra mit einer Treppe ausgestattet, sodass man mühelos emporsteigen kann. Hier haben schon so manche Touristen schöne, aber auch lustige Bilder geknipst.

Eine ganz außergewöhnliche Besonderheit bildet das Ton- und Lichtspektakel am Parlamentsgebäude. Dieses Spektakel lässt das Gebäude in den unterschiedlichsten Farben und Formen erstrahlen.

Von diesem poetischen Lichterspiel lassen sich nicht nur Touristen gerne verzaubern. Hierfür sollte man jedoch ein wenig Zeit mitbringen. Nicht nur Touristen sind erpicht darauf, das beleuchtete Parlamentsgebäude bei untergehender Sonne zu bewundern. Dies schafft nämlich eine ganz besondere Atmosphäre. Das beleuchtete Parlamentsgebäude zieht alle Zuschauer in seinen Bann und strahlt eine gewisse Ruhe aus. Genau diese Ruhe ist charakteristisch für Bern. In der Bundeshauptstadt ist von Stress weit und breit keine Spur.

Das Kunstmuseum ist ebenfalls einen Besuch wert. Hier haben die Besucher die Möglichkeit, über 3.000 Gemälde und Skulpturen zu bestaunen. Des Weiteren umfasst die Ausstellung rund 48.000 Handzeichnungen. Nicht umsonst zählt die Sammlung zu den bedeutendsten des Landes. Jedoch kann das Kunstmuseum Bern nicht nur mit seinem herausragenden Bestand punkten. Auch aktuelle Kunstströmungen werden hier thematisiert. Die Ausstellung ist äußerst umfangreich, denn dort sind unter anderem Werke von Paul Klee, Pablo Picasso, Merkt Oppenheim sowie Ferdinand Hodler ausgestellt. Außerdem sind das italienische Trecento, die schweizerische Kunst seit dem 15. Jahrhundert sowie internationale Malerei des 19. Und 20. Jahrhunderts vertreten. Diese haben dem Berner Kunstmuseum weltweites Ansehen verliehen und zahlreiche Besucher in die Bundeshauptstadt gelockt.

Obwohl die Bundeshauptstadt verhältnismäßig klein ist, steht sie Städten wie Genf, Zürich und Luzern in Sachen Einkaufsmöglichkeiten in nichts nach. Bern verfügt über insgesamt sechs Kilometer Arkaden. Diese Lauben sind mittlerweile weltbekannt, da es sich hierbei um die längsten gedeckten Einkaufspromenaden Europas handelt. Bei Regenwetter verleihen sie Schutz und im Hochsommer spenden sie in sengender Hitze Schatten. Hier sind Galerien, Boutiquen und Spezialitätenläden angesiedelt. Die Geschäfte laden zum Bummeln ein. Für Kulturgourmets halten die Lauben ein inspirierendes Festmahl bereit, denn hier bestehen zahlreiche Möglichkeiten für eine Verführung der Sinne.

Das Berner Münster ist ebenfalls charakteristisch für Bern. Dieses spätgotische Bauwerk beeindruckt nicht nur Touristen. Hierbei handelt es sich um die größte und wichtigste spätmittelalterliche Kirche der Schweiz. Sofern man etwas Zeit und

Ausdauer mitgebracht hat, lohnt sich der Aufstieg auf den höchsten Kirchturm. Der Münsterturm ist etwa 100 Meter hoch, allerdings benötigt man 344 Stufen, um ihn zu erklimmen. Von dort offenbart sich eine prachtvolle Aussicht über die Stadt bis hin ins Berner Mittelland. Bei guter Sicht kann man sogar einen Blick auf die Schneeberge des Berner Oberlands erhaschen. Auf Grund dieses imposanten Panoramas sollte man bei schönem Wetter den Aufstieg in Kauf nehmen.

Bei einem Besuch in Bern darf der Rosengarten nicht stiefmütterlich behandelt werden. Auch wenn es in diesem Park „nur" Rosen und Blumen zu sehen gibt, zeigt Bern sich hier in einer ganz anderen Facette. Der Rosengarten befindet sich in einer sehr guten Lage. Dieses Mekka für jeden Blumenliebhaber stellt einen Ort der Erholung dar. Von der Terrasse des Restaurants aus lässt sich ein wunderschöner Ausblick genießen. Dieser großzügig angelegte Park offenbart eine imposante Aussicht auf die Berner Altstadt sowie auf die Aareschlaufe. In diesem Park können die Besucher 220 verschiedene Rosensorten, 200 Irisblüten sowie Moorbete mit 28 verschiedenen Rhododendren bewundern. Selbst wenn man über keinen grünen Daumen verfügt, übt dieser Park eine gewisse Wirkung auf seine Besucher aus. Hier herrscht eine gemütliche und idyllische Atmosphäre. So wurden extra ein Pavillon sowie ein Lesegarten errichtet als weitere Erholungsmöglichkeiten. Diese laden zum Verweilen ein.

Die Entwicklung der Stadt

ENTSTEHUNG DES STADTNAMENS

Erstmals tauchte der Name der Stadt Bern in einer Urkunde vom 1. Dezember 1208 auf. Jedoch ist die Herkunft des Stadtnamens bis zum heutigen Tage ungeklärt. Allerdings sind mehrere Erklärungen möglich. Diese beruhen jedoch teils auf alten Legenden und Interpretationen.

Bei der Justingerchronik handelt es sich um die wohl bekannteste Legende. Demnach hat der Stadtgründer Herzog Berchtold V. von Zähringen beschlossen, die Stadt Bern nach dem Tier zu benennen, welches als erstes in den umliegenden Wäldern erlegt wurde.

Dabei soll es sich um einen Bären gehandelt haben. Diese Volksetymologie wird durch den Bären im Berner Wappen veranschaulicht.

Das Lexikon der schweizerischen Gemeindenamen bedient sich einer anderen Erklärung. Demnach wird der Name Bern aus dem Althochdeutschen und Romanischen hergeleitet. Etymologisch wird der Name Bern auf die althochdeutschen Verben „berja" bzw. „bern", welche „schlagen" bedeuten, „bëran", welches „tragen" sowie „war", welches „Wurzel" bedeutet, zurückgeführt. Aus dem Romanischen stammt hingegen das Wort „brena", welches „Gebüsch", „Gestrüpp" oder „Wald" bedeutet.

Eine weitere Theorie entstand im späten 19. Jahrhundert. Diese besagt, dass sich die Stadt Bern auf die Stadt Verona beziehe, denn diese wurde im Mittelalter Welsch Bern genannt. Deshalb soll der Stadtgründer Berchtold V. die Stadt Bern zum Andenken an die früher von den Zähringern besessene Markgrafschaft Verona benannt haben. Somit war der Name des Helden der germanischen Sage, Dietrich von Bern, geboren.

Ein weiterer Meilenstein in der Geschichte der Stadt war im Jahr 1984 der Fund der Berner

Zinktafel auf der Engehalbinsel. Diese trug die Aufschrift des Ortsnamens „Brenodor". Dies ist eine Ableitung aus dem keltischen Personennamen „Brennos" und keltisch „duron", was Tür bedeutet. Allerdings ist hier eine direkte Herleitung des Namens Bern eher nicht möglich.

Der bisher wohl überzeugendste Vorschlag stammt aus dem Lexikon der schweizerischen Gemeindenamen. Laut diesem Lexikon wurde der Name der Stadt Bern aus dem keltischen Wort „berna" hergeleitet. Dies bedeutet auf mittelirisch „Kluft" oder „Schlitz" und könnte einen bestimmten Aareabschnitt bezeichnet haben. Der Begriff „berna" könnte von einer galloromanischsprachigen Bevölkerung weiterverwendet und ins Deutsche übersetzt worden sein.

WAPPEN

Bereits seit dem 13. Jahrhundert ist der Bär als Wappentier der Stadt Bern bekannt. Erstmalig wurde er auf Münzen sowie auf einem Siegel aus dem Jahr 1224 gesichtet. Hierbei schreitet der Bär schräg aufwärts und erhebt seine linke Vordertatze. Seit Ende des 13. Jahrhunderts wurde das heutige Wappen nicht mehr verändert. Die Stadt Bern verfügt über kein eigenes Wappen. Bei der Trennung der Stadt und des Kantons Bern im Jahr 1831 wurde sich darauf geeinigt, dass sowohl die Stadt als auch der Kanton das gleiche Wappen tragen sollen. Seit dem Jahr 1944 gilt es als das Wappen des Amtsbezirks Bern.

STADTGRÜNDUNG

Die Gründung der heutigen Stadt Bern ist etwa auf das Ende des 12. Jahrhunderts zurückzuführen. Sie erfolgte durch Herzog Berchthold V. von Zähringen. Seitdem liegt sie im Knie der Aarehalbinsel. Ein Grund hierfür kann sein, dass sein Vorgänger Berchthold IV. die Burg Nydegg bereits an der Spitze der Halbinsel errichtete. Diese sollte zum Schutz des dortigen Aareübergangs dienen.

Im Jahr 1218 wurde Bern zur Freien Reichsstadt ernannt laut der Goldenen Handfeste. Dies räumte der Stadt enorme Rechte ein, wie beispielsweise das Recht auf eigene Münzen, Masse und Gewichte sowie eine eigene Gerichtsbarkeit. Im Jahr 1274 erlangte Bern durch König Rudolf I. von Habsburg

Reichsfreiheit. Allerdings wurde ihr eine Reichssteuer auferlegt. Nach der Niederlage an der Schosshalde im Jahre 1289 kam weiterhin noch eine Buße hinzu.

Die Stadt Bern dehnte seinen Herrschaftsbereich im frühen 14. Jahrhundert überwiegend durch Kauf sowie Pfandschaften kleinerer Städte weiter aus. Im Gümmenenkrieg im Jahr 1334 besiegte Bern das habsburgische Freiburg, wodurch eine erste Ausdehnung ins Oberland erfolgte. Der Grundstein für den Aufstieg zum Stadtstaat wurde mit einem Sieg gegen umliegende Adelshäuser gelegt. Diesen Sieg errang die Stadt Bern im Jahr 1339 während des Laupenkrieges. Sie verstand sich nun seit dem 15. Jahrhundert als Staat. Somit ließen sich eine Vielzahl von landadligen Familien im 14. und 15. Jahrhundert in der Stadt nieder. Handwerkern gelang während dieser Zeit der Aufstieg ins Junkertum, ältere Kaufmannsgeschlechter wurden geadelt und selbst nichtadlige Kaufleute und Notabeln konnten ihren Stand verbessern. Allerdings wurde die Stadt am 14. Mai 1405 von einer Katastrophe eingeholt. So brach ein Großbrand in der Brunngasse aus. Dieser zerstöre über 600 Häuser und forderte mehr als 100

Opfer. Die Brunngasse musste neu errichtet werden. Während die Häuser zuvor überwiegend aus Holz bestanden, wurden die neuen Häuser als Fachwerk- oder Steinhäuser errichtet. Hierfür wurde überwiegend Ostermundiger Sandstein verwendet, woraus die bis heute typischen Lauben entstanden. Der Bau des Rathauses begann im Jahr 1406. Mit dem Bau des Münsters wurde im Jahr 1421 begonnen.

Da Bern immer mehr an Macht zunahm, führte dies zu einer baulichen Verdichtung der Innenstadt. Der Dreißigjährige Krieg sorgte für die Errichtung weiterer Befestigungsanlagen. Die Kleine und die Große Schwanze wurden von 1622 bis 1634 erbaut. Allerdings wurde der dort entstandene Raum kaum genutzt. Das bereits vorhandene Stadtgebiet wurde nun noch dichter besiedelt. In den Jahren 1641 bis 1644 wurde die Errichtung des Käfigturms vollzogen. Die Hochschule hingegen wurde erst im Jahr 1682 erbaut. In den folgenden Jahren wurde in der Berner Innenstadt stetig weiter gebaut.

So entstand das Kornhaus in den Jahren 1711 bis 1715. Dies diente zur Versorgung der Bevölkerung in schlechten Zeiten. Mit der Reformation ging eine Änderung der Kranken- und Armenpflege einher. So oblag diese nun der Stadt und das Insel-spital wurde 1724 neu eröffnet. Der Bau des Großen Spitals, welches das heutige Burgspital darstellt, wurde 1732 begonnen. Hierbei handelt es sich um das bedeutendste Barockhaus in Bern, welches auch über die Grenzen der Schweiz hinaus sehr bekannt ist. Zahlreiche weitere Bauten, welche der Allgemeinheit zu Gute kamen, wurden im 18. Jahrhundert errichtet. So wurde im Jahr 1757 das städtische Knabenwaisenhaus und im Jahr 1765 das Mädchenwaisenhaus, welches heute die städtische Polizeikaserne beherbergt, erbaut.

Im 17. Und 18. Jahrhundert sollte ein einheitliches Erscheinungsbild der Stadt geschaffen werden. Zahlreiche Neu- und Umbauten spiegelten den Wohlstand der Stadt sowie der Patrizierfamilien wider.

Als in den 1830er Jahren die Stadtmauern und Schanzen fielen, wurde der Grundstein für das Wachstum der Stadt über die Aarehalbinsel hinaus gelegt. Zuerst wuchs die Stadt nur in Richtung Westen, wodurch das Länggassquartier entstand. Überdies wurde der Bau von Brücken notwendig, da bis dato die Untertorbrücke Berns einzige Brücke war.

Die Fertigstellung einer weiteren Brücke gelang im Jahr 1844. Hierbei handelte es sich um die Nydeggbrücke. Diese verbindet noch heute die Altstadt mit dem gegenüberliegenden Aareufer. Als die Eisenbahn Einzug in Bern erhielt, war auch hier eine Brücke notwendig. Diese wurde im Jahr 1858 fertiggestellt. Aus diesem Bau resultierte das Lorrainequartier, wo überwiegend Arbeiterwohnungen gebaut wurden. Die Phase der Stadtvergrößerung begann Ende des 19. Jahrhunderts. Diese hält bis zum heutigen Tage an. Auf Grund dessen wurden zahlreiche Brücken, wie die Kirchenfeldbrücke sowie die Kornhausbrücke notwendig. Diese zieren noch heute die Berner Innenstadt. Während in der Altstadt neue Arbeiterviertel entstanden, suchte der wohlhabendere Teil der Bevölkerung das Weite. Nach Fertigstellung der Kirchenfeldbrücke im Jahr 1883 trieb es die Vermögenden vorwiegend in das Kirchenfeld.

Schließlich wurde Bern im Jahr 1848 zur Bundeshauptstadt gewählt. Aufgrund dessen wurde die Erstellung der Parlaments- und Regierungsgebäude notwendig. Zunächst wurde das heutige Bundeshaus West errichtet. Aber da hier der Platz relativ schnell

20|DIE ENTWICKLUNG DER STADT

nicht mehr ausreichend war, wurde von 1884 bis 1892 das Bundeshaus Ost angebaut. Dieses neue und bedeutend prunkvollere Parlamentsgebäude zog die Blicke der Bevölkerung auf sich.

Die Bauten des 20. Jahrhunderts prägten das Stadtbild bis heute, da die Bauten der 1960er Jahre zur neueren Architektur zählen. Das neue Bauen ist in Bern hingegen eher selten vertreten. Die Berner halten nämlich lieber an alten Traditionen fest und hoch moderne Architektur verfälscht das mittelalterliche Stadtbild ohnehin.

Was macht die Bewohner aus?

Die Berner sind an sich ein ganz beschauliches und gemütliches Volk. Nachgesagt wird ihnen jedoch, dass sie äußerst langsam agieren. Falls man es also in Bern einmal eilig haben sollte, kann man leicht Probleme bekommen. Einer Studie zufolge legen sie im Schnitt ca. 3,8 Kilometer pro Stunde zurück. Dabei lassen sie sich von nichts und niemandem aus der Ruhe bringen. Aber auch beim Sprechen sind die Berner sehr langsam. Der Sprachwissenschaftler Adrian Leemann von der

Universität Zürich hat festgestellt, dass die Berner lediglich fünf Silben pro Sekunde hervorbringen. Dies macht im Vergleich zu den Zürichern pro Minute etwa fünf bis sechs Sätze aus.

„Probier's mal mit Gemütlichkeit" ist scheinbar das Motto der Berner Einwohner. Dieses Völkchen lässt sich keinesfalls stressen. Sie sind immer die Ruhe selbst. Allerdings ist dies nicht zwangsläufig negativ. Touristen und auch die Bewohner der anderen Kantone schätzen dies an den Bernern sehr. Sobald sich die Berner aus ihrer Stadt bzw. ihrem Kanton herauswagen, trifft sie der Schlag. Denn dort leben sie in einer heilen Welt. Sie sind sehr von ihrer Naivität geprägt und sobald sie ihre Heile-Welt-Atmosphäre verlassen, geht es ihnen nicht gut. Die Bewohner Berns sind eben nicht für das Leben in der großen weiten Welt geschaffen. Das macht sie aber keinesfalls unsympathisch. Mit der Langsamkeit und Gemütlichkeit, welche die Berner ausstrahlen, können sie bei Touristen punkten. Die Stadt und ihre Bewohner sind nämlich nicht gerade langweilig. Sie leben vielmehr in einem völlig anderen Rhythmus.

Eine weitere Eigenart der Berner liegt darin, dass sie zu jeder Zeit immer wieder „äuä" sagen.

Selbst jene, die kein Schwiizerdütsch sprechen, kennen dieses Wort. Sie sagen es mindestens einmal in jedem Satz. Somit sind die Zuhörer schon fast enttäuscht, wenn die Berner das Wörtchen „äuä" einmal auslassen.

Wie ist das Leben in der Stadt?

Zwar ist Bern die Hauptstadt der Schweiz, aber dennoch handelt es sich hierbei um eine kleine Stadt. Nicht umsonst wird die Lebensqualität von der Berner Bevölkerung in dieser Stadt als hoch eingeschätzt. Verantwortlich hierfür sind wohl die zentrale Lage sowie aber auch der dörfliche Charakter der Stadt. Genf, Basel und Zürich sind mit dem Zug oder dem Flugzeug innerhalb kurzer Zeit zu erreichen. Die Verkehrsanbindung in Bern ist sehr gut. Somit stellen Ausflüge in das umliegende Land kein Problem dar. Wer allerdings die große Weite liebt, wird in Bern enttäuscht. Denn hier findet das Leben auf engstem Raum statt und dies schon seit vielen hundert Jahren. Allerdings bieten zahlreiche Berge oder Aussichtspunkte die Möglichkeit, diese Enge für wenige Momente zu vergessen.

An Bern ist weiterhin attraktiv, dass den Bewohnern und Touristen ganzjährig zahlreiche Veranstaltungen geboten werden. Der Veranstaltungskalender der Hauptstadt lässt keine Wünsche offen und ist immer prall gefüllt. Außerdem kann man in den Frühjahrs- und Sommermonaten an der Aare Rad fahren, schwimmen oder einfach nur faulenzen und so der Großstadt entfliehen. Für Aktivurlauber lohnt sich eine Reise ins Berner Oberland, denn hier treffen idyllische Täler auf hohe Berge.

Atemberaubende Aussichten versüßen den Aktivurlaubern den Tag. Am Wochenende sind in den Regionen des Berner Oberlandes auch zahlreiche Einheimische anzutreffen. Denn so entfliehen sie der Enge der Berner Innenstadt und genießen ein wenig die Freiheit. Das Leben in Bern ist sehr entspannt, da die Großstadt einen dörflichen Charakter hat. Die Berner Innenstadt ist problemlos zu Fuß zu erreichen und die Hauptstadt verfügt über ein gut ausgebautes S-Bahn-Netz. Deshalb kann in Bern auf einen Pkw grundsätzlich verzichtet werden. Urlauber, die mit dem Auto anreisen, sollten sich im Vorfeld über Parkmöglichkeiten informieren. Denn in der Regel verfügen die Hotels auf Grund von Platzmangel selten über hoteleigene Parkplätze.

Tipps für den Besuch

Die Stadt Bern scheint auf den ersten Blick recht beschaulich zu erscheinen. Der Grund hierfür kann das entspannte Ambiente sein. Doch davon sollten sich Touristen nicht täuschen lassen. In Bern pulsiert das pure Leben. Vielseitige, abwechslungsreiche Kulturangebote treffen hier auf angesagte Clubs und zahlreiche Einkaufsmöglichkeiten. Auf engem Raum werden hier Spaß und Kultur vereint. Eine Reise nach Bern kommt einem Ausflug in verschiedene Epochen der

Architektur gleich. Die Bauwerke spiegeln die Vergangenheit des Landes, aber auch die Gegenwart wider. Kirchen, Klöster, Festungen und Burgen warten in Bern darauf, besichtigt zu werden. Allerdings hat Bern nicht nur altehrwürdige Bauwerke und historische Gemäuer zu bieten. Auch an zeitgenössischer Architektur mangelt es hier nicht. Diese bilden einen starken Kontrast zu den Meisterwerken früherer Zeit.

In Bern gibt es viel zu sehen, deshalb ist diese Stadt mindestens eine Reise wert. Nicht umsonst stellt die Berner Altstadt ein Weltkulturerbe der UNESCO dar. Über 100 Brunnen und mittelalterliches Flair beeindrucken die Besucher. Die Aare, welche uförmig verläuft, verleiht der Stadt eine gewisse Struktur. Dies ist für Orientierungslose gut zu wissen. In Bern ist es somit quasi unmöglich, sich zu verlaufen. Ein Stadtplan ist, zumindest beim zweiten Besuch, völlig überflüssig.

Wichtig für eine Städtereise nach Bern ist es, viel Zeit einzuplanen. Wer nicht nur von einer Sehenswürdigkeit zur nächsten hetzen, sondern auch ein wenig das Flair der Stadt erleben und genießen möchte, sollte sich etwas mehr Zeit nehmen. So kann man ganz entspannt die Innenstadt zu Fuß besichtigen. Hierbei kann man ganz andere Eindrücke gewinnen, wie bei einer Fahrt von einer S-Bahn-Station zur nächsten.

Da in der Schweiz die CHF die offizielle Währung ist, sollte man am besten bei Banken das Geld umtauschen. Wechselstuben können eine Kommission von bis zu 5 % der Wechselsumme verlangen. Da allerdings in zahlreichen Restaurants, Bars und Geschäften Kreditkarten akzeptiert werden, empfiehlt es sich, lediglich einen geringen Betrag zu tauschen und somit Geld zu sparen.

Beim Besuch von Geschäften sollte man beachten, dass die Arbeitszeiten in der Schweiz ein wenig anders sind als in Deutschland. Hier haben Geschäfte und Supermärkte in der Regel von 9 bis 18 oder 19 Uhr geöffnet. Deshalb sollte man wichtige Erledigungen nicht auf den letzten Drücker machen.

Die Gabe von Trinkgeld ist in der Schweiz, genau wie in Deutschland, ebenfalls üblich. In der Regel sollte man 10 % bis 15 % der Bestellsumme als Trinkgeld geben.

Die drei besten Hotels

Bern verfügt über zahlreiche schöne Unterkünfte, sodass für jeden das passende Hotel dabei ist. Vom Hostel bis hin zum Luxushotel sind in der Bundeshauptstadt jegliche Unterkünfte vertreten. Hier werden Ihnen die drei besten Hotels vorgestellt.

HOTEL BELLEVUE BERN

Dieses traditionelle 5-Sterne-Hotel kann nicht nur mit seiner hervorragenden Lage begeistern. Es befindet sich direkt neben dem Bundeshaus im Herzen von Bern und verfügt über 130 Zimmer. Das elegante Jugendstilhaus stammt aus dem Jahre 1913. Nicht umsonst stellt das Hotel Bellevue Palace Bern die offizielle Unterkunft für die Schweizer Regierung dar. Aber auch weitere berühmte Gäste durfte das Hotel beherbergen. So fanden hier die Königin von England, Charlie Chaplin, Nelson Mandela, Jacques Chirac, Bruce Springsteen, Fidel Castro sowie Sophia Loren ein Nachtquartier.

Die luxuriösen und geräumigen Zimmer sind für einen perfekten Aufenthalt ausgestattet. Echtes Parkett sorgt für ein schönes Ambiente. Außerdem verfügen die Zimmer über eine Klimaanlage, einen Flachbild-Fernseher sowie eine Minibar. Wer einen ganz besonderen Ausblick genießen möchte, sollte eines der Zimmer mit Blick auf die historische Berner Altstadt oder die Alpengipfel, welche in weiter Ferne liegen, buchen. Aus den übrigen Zimmern haben die Gäste ebenfalls einen schönen, ruhigen Ausblick. Von diesen aus kann man auf das Bundeshaus oder den Innenhof blicken.

Das Gourmetrestaurant bietet Schweizer und internationale Küche, sodass die Gäste echte Gaumenschmäuse genießen können. Ein reichhaltiges Frühstücksbuffet erwartet die Gäste täglich bis 11 Uhr. Allen Langschläfern ist es auch möglich, das Frühstück vom Zimmerservice im Zimmer servieren zu lassen. In den Frühjahrs- und Sommermonaten lohnt es sich, auf der Terrasse des Restaurants zu speisen, denn von hier aus offenbart sich ein wundervolles Panorama auf die Alpen und die Aare.

Die Anreise ist mit dem Pkw, aber auch mit öffentlichen Verkehrsmitteln möglich. Der Flughafen Bern-Belp befindet sich lediglich in 5,5 km Entfernung. Der Berner Hauptbahnhof ist lediglich 800 m vom Hotel entfernt. Allerdings stehen ebenfalls öffentliche Parkplätze zur Verfügung, für jene eine Reservierung nicht notwendig ist. Ein Parkplatz kostet 28 CHF täglich.

Entspannung finden die Gäste im hoteleigenen Fitnessraum oder in der Sauna. Der Fitnessraum ist mit modernen Geräten ausgestattet und ermöglicht ein abwechslungsreiches Training. Im Hotel Bellevue Bern sind Familien mit Kindern genauso willkommen wie Singles oder Paare. Gegen eine Gebühr ist eine Kinderbetreuung vor Ort ebenfalls möglich, sodass die Eltern ein paar Stunden ohne die Kleinen verbringen können.

SCHLOSS HÜNINGEN

Nach einer langen Umbauphase wurde das Schloss Hüningen im Jahr 2013 wieder eröffnet. Somit erstrahlt es wieder in einem neuen bzw. alten Glanz. Dieses Hotel verfügt über 27 Zimmer sowie Junior-Suiten. Der neu renovierte, moderne Gartenpavillon verfügt über zusätzliche 22 Parkzimmer. Diese sind entweder mit Balkon oder einem direkten Zugang zum Park ausgestattet. Bei diesem Schloss trifft Tradition auf Moderne. Mit sehr viel Liebe zum Detail wurde diese außergewöhnliche architektonische Kombination geschaffen. Im Schloss Hüningen können die Gäste dem Alltag entfliehen.

Die modernen Zimmer sind mit einem 32-Zoll-Flachbildschirm ausgestattet. Der Fernseher mit Musik- und Radiowecksystem sowie kostenloses WLAN sorgen für gute Unterhaltung. Des Weiteren befinden sich in jedem Zimmer ein Safe und ein

Haartrockner. Aus jedem der 49 Zimmer können die Gäste einen wunderschönen Ausblick auf den weitläufigen Schlosspark mit altem Baumbestand und Rosengarten genießen. Die Lage ist sehr ruhig, da das Schloss Hüningen ein wenig abgelegen ist.

Das Restaurant bietet täglich ein reichhaltiges Frühstücksbuffet. Hier kann nach Herzenslust geschlemmt werden. Eine große Auswahl an vielseitigen und leichten Gerichten sorgt für das leibliche Wohl. Im Sommer bietet die Terrasse zahlreiche Plätze inmitten von 3.500 Rosen. Ein wunderschönes Ambiente ist garantiert. Weiterhin kann das Schloss Hüningen mit einem tollen Wellnessbereich punkten. So können die Gäste im Whirlpool entspannen oder sich im Spa-Bereich verwöhnen lassen.

Am besten ist die Anreise mit dem Pkw, da das Schloss Hüningen 20 km von Bern entfernt ist. Das Hotel stellt allerdings kostenlose Parkplätze zur Verfügung. Diejenigen, die doch lieber mit öffentlichen Verkehrsmitteln anreisen möchten, bekommen einen Shuttle-Service zur Verfügung gestellt. Dieser holt die Gäste gerne vom Flughafen oder Bahnhof in Bern ab.

HOTEL ALLEGRO

Das Hotel Allegro befindet sich im Kursaal Bern. Es handelt sich hierbei um ein 4-Sterne-Superior-Hotel. Das Servicepersonal ist zuvorkommend und der Service ist grenzenlos. Ein sehr hoher Wohnkomfort bietet genügend Möglichkeiten, um die Seele baumeln zu lassen. Für die Gäste stehen 171 Zimmer und Suiten zur Verfügung. Die Economy-Zimmer sind hin zum Atrium ausgerichtet, sodass sie nicht über direktes Tageslicht verfügen. Die Komfort-Zimmer sind mit einem Balkon ausgestattet. Von diesem erhalten die Gäste einen Ausblick auf den Hotelgarten. Wer einen atemberaubenden Blick auf die Berner Altstadt sowie die Alpen genießen möchte, sollte ein Panorama-Zimmer buchen.

Das Restaurant bietet jeden Tag ein frisches, leckeres und ausgewogenes Frühstück für einen guten Start in den Tag. Drei weitere Restaurants sorgen für kulinarische Genüsse. Im italienischen Restaurant Giardino bekommen die Gäste Ossobuco, selbstgemachte Pasta sowie Tiramisu geboten. Im lichtdurchfluteten Wintergarten oder auf der großen Sommerterrasse werden die besten italienischen Gerichte frisch zubereitet serviert.

Das beste Rezept gegen Fernweh bietet das asiatische Restaurant Yù. Die Köche lassen das Herz von Gourmets höherschlagen, denn hier bekommen die Gäste die Vielfalt Asiens geboten. In stylischer Umgebung lassen sich die frisch zubereiteten Gerichte genießen.

Das Restaurant Meridiano befördert die Gäste in den siebten Gourmet-Himmel. Nicht umsonst ist es mit einem Michelin-Stern ausgezeichnet. Unverfälschte Geschmackserlebnisse vor einem grandiosen Alpenpanorama runden den Tag ab. So werden die Gerichte mit höchster Qualität zubereitet und sorgen für ein unvergleichliches Erlebnis.

Die Anreise ist mit dem Pkw, aber auch mit öffentlichen Verkehrsmitteln möglich. Der Flughafen Bern-Belp ist nur wenige Kilometer entfernt. Vom Flughafen aus ist das Hotel bequem mit dem Taxi oder mit der S-Bahn zu erreichen. Die S-Bahn fährt vom Hauptbahnhof im 10-Minuten-Takt und die Fahrt zum Hotel nimmt lediglich ca. 5 Minuten in Anspruch. Jedoch ist es auch problemlos möglich, mit dem Pkw anzureisen. Hoteleigene Parkplätze sind allerdings nicht vorhanden und die Parkplätze im Quartier sind beschränkt.

Restaurant Insidertipps

Ein Lieblingsrestaurant wird erst dann zu einem Lieblingsrestaurant, wenn es sich von der Masse abhebt. Genussvolle Gerichte, welche schön angerichtet sind, laden die Gäste ein, die Kreationen der hauseigenen Küche zu probieren. Weiterhin kann eine liebevoll und abwechslungsreich zusammengestellte Speisekarte ebenfalls bei den Gästen punkten. Ein angenehmes Ambiente kann ein Restaurant weiterhin zu einem Lieblingsrestaurant werden lassen. Eine Privatsphäre für

jeden Gast und ansehnliche Dekoration auf den ein-
gedeckten Plätzen schaffen eine angenehme Atmosphäre zum Wohlfühlen. Ein exzellenter Service darf
nicht fehlen, denn der Kunde ist König. Ihm sollten
Aufmerksamkeit und Freundlichkeit entgegenge-
bracht werden. In Bern sind zahlreiche Restaurants
zu finden, welche über diese Qualitäten verfügen.
Um einen exzellenten Service zu erhalten, ist es nicht
notwendig, große Summen auszugeben. Die folgenden drei Restaurants sind bei einem Aufenthalt in
Bern unbedingt einen Besuch wert.

RESTAURANT TERRASSE

Wer eine Auszeit über Wasser sucht, wird im Restaurant Terrasse fündig. Dieser Pavillon ist eine architektonische Einzigartigkeit und wird nicht umsonst als gastronomische Oase an der Berner Riviera
bezeichnet, denn dieses Restaurant befindet sich
über dem rauschenden Wasser der Aare. Bei schönem Wetter wird der Aufenthalt auf den sonnigen
Außensitzplätzen zu einem tollen Erlebnis, denn die
Gäste können durch eine Öffnung im Holzboden das
Wasser beobachten. In einer angenehmen

Atmosphäre werden mediterrane Spezialitäten, traditionelle Fleisch- und Fischgerichte sowie auch vegetarische Kreationen serviert. Außerdem ist es auch möglich, gegen den kleinen Hunger kalte oder warme Snacks zu erhalten. Bei einer großen Auswahl an Kaffee und Kuchen kann man nach Herzenslust schlemmen. Saisonale Gerichte werden zum echten Gaumenschmaus.

Von Montag bis Freitag von 11:30 - 14:00 Uhr werden hier köstliche, abwechslungsreiche Mittagsmenüs für 19,50 CHF serviert. Hausgemachte Suppen und Salat sind im Preis mit inbegriffen. Jedoch ist es auch möglich, von 11:30 - 22:00 Uhr à la carte zu speisen. Für die kleinen Gäste wird im Restaurant Terrasse extra eine Kinderkarte bereitgehalten. Diese ist mit zahlreichen Menüs extra für die kleinen Gäste ausgestattet. Der Sonntag bietet sich an, um den Tag mit einem Gläschen Prosecco zu beginnen, denn hier erwartet ein köstliches Brunchbuffet die Gäste. Von 10:00 - 13:30 Uhr kann nach Herzenslust geschlemmt werden. Für die Nachtschwärmer hält das Restaurant Terrasse eine umfangreiche Wein- und Cocktailkarte bereit. So können die Gäste ganz entspannt den Abend bei einem Glas Wein oder

einem Cocktail ausklingen lassen und dabei dem flie-
ßenden Wasser der Aare lauschen.

RESTAURANT WEIN & SEIN

Das Restaurant Wein & Sein verzaubert die Gäste
mit saisonalen Menüs am Abend. Hier besteht die
Möglichkeit, das Menü auf bis zu sieben Gänge zu
strecken oder aber auch auf bis zu drei Gänge zu ver-
kürzen. Die Menü-Auswahl ändert sich wöchentlich,
jedoch ist immer für jeden Geschmack etwas dabei.
Vegetarier und Veganer sind außerdem herzlich
willkommen. Des Weiteren ist es möglich, gluten-
freie Lebensmittel zu erhalten. Das exquisite Wein-
und Ginangebot des Hauses rundet jedes Menü ab o-
der lädt dazu ein, den Tag entspannt an der Bar ausklingen zu lassen. Das Restaurant Wein & Sein befindet sich in einem Gewölbekeller. Bei romantischem
Kerzenlicht werden hier ein wunderschönes Ambiente und eine Atmosphäre zum Wohlfühlen geschaffen. Hier können die Gäste ganz in Ruhe dinieren.

Von Dienstag bis Samstag hat das Restaurant ab
18:00 Uhr geöffnet. Die Bar hingegen öffnet bereits
um 17:00 Uhr. So lässt sich der Tag nach getaner

Arbeit mit einem guten Gläschen Wein abschließen. Wer seinen Aufenthalt in Bern längerfristig plant, sollte den Veranstaltungskalender des Restaurants im Auge behalten, denn hier wird oftmals ein kulinarisches Meisterwerk im Rahmen einer Veranstaltung angeboten. Dies sorgt für das gewisse Etwas an Unterhaltung.

RESTAURANT ROSENGARTEN

Nicht umsonst ist das Restaurant Rosengarten der Place To Be in Bern. Es liegt wenige Schritte vom Bärenpark entfernt, zentral in einer wunderschönen Parkanlage. Den Gästen wird von der hochgelegenen Terrasse ein imposanter Ausblick auf die Berner Altstadt geboten. Als absoluter Geheimtipp gilt das Restaurant in den Wintermonaten. Das eigene Cheminée auf der Fondue-Veranda schafft eine heimelige Atmosphäre.

Das Restaurant Rosengarten hat täglich von 9:00 Uhr bis 23:30 Uhr geöffnet. Warme Küche wird den Gästen von 11:30 Uhr bis 13:45 Uhr und von 18:00 bis 21:45 Uhr geboten. Hier können die Gäste einen kulinarischen Hochgenuss erleben. Raffinierte mediterrane Eigenkreationen oder aber auch traditionelle Gerichte machen die Speisekarte zu etwas ganz Besonderem. Hierfür werden nur die besten ausgewählten Zutaten verwendet. Die Speisekarte hält zahlreiche saisonale, aber auch traditionelle Gerichte bereit. Eine großartige Frühstücksauswahl lädt dazu ein, den Tag auf der sonnenüberfluteten Terrasse mit einem traumhaften Blick über die Berner Altstadt zu beginnen. Für den kleinen Hunger hält das Restaurant Rosengarten ebenfalls zahlreiche Köstlichkeiten bereit. Des Weiteren lohnt sich ein Besuch im Sommer ebenfalls, denn hier können die Gäste bei einem Glas Wein oder einem anderen alkoholischen Kaltgetränk den Tag ausklingen lassen und die letzten Sonnenstrahlen genießen.

Geheim- und Insidertipps

Um die Hauptstadt Bern zu entdecken, sollte man genügend Zeit einplanen. Denn neben den standardmäßigen Touristenattraktionen, wie beispielsweise das Bundeshaus oder der Bärengraben, hat die Stadt ebenfalls noch weitere Geheimtipps zu bieten. Diese sollte man sich bei einem Besuch keinesfalls entgehen lassen.

Am besten ist es, sich bei einem Urlaub in Bern einfach treiben zu lassen. Zur Erkundung der Hauptstadt bedarf es keines straffen Tagesprogramms.

Zwar hat Bern viel zu bieten, allerdings ist hierbei keine Eile geboten.

FLUSSBÄDER

Strandbad Eichholz

Wer im Sommer nach Bern reist und das warme Wetter genießen möchte, sollte dies an der Aare tun. Das Wasser der Aare ist frisch, wie aus einer Bergquelle direkt entsprungen, und leuchtet. Das Strandbad Eichholz bietet sich geradezu an, einen schönen Tag bei traumhaftem Wetter in der freien Natur zu verbringen. Das Strandbad Eichholz liegt mit seinem Campingplatz rund 30 Gehminuten von der Hauptstadt entfernt, somit ist es bequem zu Fuß zu erreichen. In einer ruhigen Flusslandschaft mit natürlichen Ufern lässt sich so entspannt der Tag, mit dem Rauschen der Aare im Ohr und dem Duft von gegrilltem Fleisch in der Nase, verbringen. Zahlreiche Grillstellen laden zum Grillen ein. Springt man vom Schönausteg in das kühle Nass, hört man nur das Klacken der Kieselsteine am Grunde der Aare. Dies wird von den Bernern auch liebevoll „der Aaresound" genannt.

Da das Strandbad Eichholz an einen

Campingplatz angrenzt, sind hier alle Campingurlauber herzlich willkommen. Bei sommerlichen Temperaturen lohnt es sich, die eine oder andere Nacht auf einem Campingplatz zu verbringen. Hier wartet ein Campingerlebnis der besonderen Art für kleines Geld auf die Touristen.

Marzilibad

Das wohl bekannteste Freibad der Stadt Bern ist das Marzilibad. Es befindet sich im Marziliquartier an der Aare. Den Besuchern offenbart sich ein wunderschöner Blick auf das Bundeshaus vom Freibad aus. Hier befindet sich neben der Anlage Eichholz einer der wichtigsten gesellschaftlichen Treffpunkte der Stadt Bern schlechthin. Nicht umsonst ist es nahezu jedem Schweizer bekannt.

Das Marzili-Bad bietet seinen Gästen eine Besonderheit, denn hier kann man nicht nur im Schwimmbecken, sondern auch in der Aare treiben. Diese ist jedoch um einiges kühler als das angenehm warme Wasser des Beckens. Das Wasser der Aare erwärmt sich selbst im Hochsommer eher selten auf über 20 Grad. Wer nun das kühle Nass nicht scheut, hat hier die Möglichkeit, sich mit bis zu drei Metern pro Sekunde in Richtung des Bundeshauses treiben zu lassen. Diese Attraktion findet nicht nur bei Einheimischen großen Anklang.

Diejenigen, die die Freikörperkultur lieben, kommen auch im Marzili-Bad auf ihre Kosten. Das Bad verfügt über einen FKK-Bereich für Frauen. Männern bleibt hier der Zutritt verwehrt. Der Innenhof des FKK-Bereichs ist sichtgeschützt und er verfügt außerdem über eigene Umkleidekabinen. Aber auch mit Badekleidung besteht im Marzili-Bad die Möglichkeit, sich zu bräunen. Eine etwa 10.000 m² große Liegewiese bietet genügend Liegeplätze für die Gäste.

Lorrainebad

Das Lorrainebad zählt neben dem Marzilibad ebenfalls zu den bekanntesten Schwimmbädern Berns. Allerdings handelt es sich hierbei um ein etwas anderes Schwimmbad. Wer das Baden in Seen und offenen Gewässern liebt, sollte definitiv dem Lorrainebad einen Besuch abstatten. Diese Badeanstalt ist zwar schon etwas betagter, dennoch steht sie den modernen Bädern in nichts nach. Das Lorrainebad wird nicht umsonst das kultigste Stadtbad genannt. Das große Schwimmbecken ist äußerst pflanzenreich, sogar Fische befinden sich darin. Um das

„Fischbecken" herum befinden sich große Holzpritschen. Zwei große Wiesen bieten den Besuchern ausreichend Liegeflächen und am Kiosk neben dem Becken gibt es die wohl besten Pommes weit und breit. Das Lorrainebad ist auch für Familien attraktiv, denn vor wenigen Jahren wurden ein kleines Planschbecken sowie verschiedene Spielgeräte errichtet, sodass auch Kinder im Lorrainebad ihren Spaß haben.

RESTAURANTS

Restaurant Altenberg

Das Restaurant Altenberg bietet sich für einen Besuch nach einem Aufenthalt im Lorrainebad an. Hier können die Gäste von der Terrasse aus den Blick auf die vorbeifließende Aare genießen. Diese Oase der Erholung ist innerhalb weniger Minuten zu Fuß vom Stadtzentrum aus zu erreichen. Diejenigen, die Spezialitäten türkischer Herkunft lieben, müssen dem Restaurant Altenberg unbedingt einen Besuch abstatten. Eine umfangreiche Speisekarte bietet eine Vielzahl türkischer Gerichte sowie auch Fast Food. Somit ist es völlig unproblematisch, Pommes, Burger oder Chicken Nuggets zu bestellen. Süße türkische

Desserts runden das Menü ab. Zahlreiche Biere oder auch leckere Weine bekommen die Gäste hier ebenfalls geboten. Deshalb bietet sich das Restaurant Altenberg auch an, um das ein oder andere Gläschen Wein mit Blick auf die Aare zu genießen.

Dampfzentrale Bern

Bei diesem Restaurant handelt es sich wahrlich um einen Kultort. Bei einem Sitzplatz auf der Terrasse können die Gäste die vorbeifließende Aare direkt beobachten. Natürlich lässt sich hier auch exzellent schlemmen. Dies bietet sich nach einem Besuch im Marzilibad geradezu an, da die Dampfzentrale auf dem Areal des Marzilibades gelegen ist. Mit dem industriellen Charme verleiht das Gebäude dem Restaurant ein gewisses Ambiente, denn ursprünglich handelt es sich bei diesem Gebäude um ein altes Elektrizitätswerk. Diese unvergleichliche Atmosphäre ist ganzjährig gegeben. Wahre Gaumenschmäuse werden hier vom Küchenchef gezaubert. Innovative und mediterrane Gerichte schmücken die Karte. Hierfür werden frische Produkte aus der Region sowie aus den angrenzenden Ländern verwendet. Für Fleischliebhaber stellt der Smoker ein ganz besonderes Highlight dar. Mit diesem lassen sich nämlich größere und kleinere Fleisch- und Fischstücke punktgenau garen. Mit der Weinkarte wurde eine erlesene Auswahl an Weinen zusammengestellt. So können die Gäste kulinarische Hochgenüsse bei einem spanischen, portugiesischen, französischen, italienischen oder deutschen Wein genießen. Da die Dampfzentrale Bern nicht nur ein Restaurant, sondern auch eine Bar, ein Club und sogar ein Theater umfasst, ist hier ein wahrlich kultureller Treffpunkt. Nach einem leckeren Dinner bietet es sich somit geradezu an, der Leidenschaft für Performance, Tanz und Musik zu frönen.

Einstein au Jardin

Besonders großer Beliebtheit erfreut sich der Einstein au Jardin auf der Münsterplattform. Dieser wunderbare Ort lädt die Gäste zum Verweilen ein. Das hübsche Café auf der Münsterplattform ist mittlerweile zum absoluten Hotspot von Bern geworden. Hier lässt sich ein gemütlicher Sonntag oder ein Tagesausflug verbringen oder aber auch ein Feierabendbier genießen. Der Einstein au Jardin hat täglich von 9:30 Uhr bis zum Sonnenuntergang geöffnet. Somit kann man den Tag bequem mit einem gemütlichen Frühstück beginnen. Jedoch bietet dieses

Café eher etwas für den kleineren Hunger, da die Karte überwiegend Frühstück, Kuchen und diverse Snacks zu bieten hat. Die Getränkekarte ist weitaus umfangreicher, daher lädt dieses wunderschöne Lokal mit einem herausragenden Ambiente zu einem Besuch ein. Vom Café aus kann man einen einzigartigen Blick auf die Aare erhalten, denn die Münsterplattform befindet sich unmittelbar am Abhang zur Aare. Gerade in den Frühjahrs- und Sommermonaten erwarten die Gäste hier zahlreiche schöne Stunden.

WEITERE INSIDERTIPPS FÜR EINEN BESUCH IN BERN

Yamatuti Kitsch- und Krimskrams-Boutique

Ein Besuch in dieser Boutique lohnt sich immer. Seit über 15 Jahren existiert sie in der Aabergasse. Hier offenbart sich dem Kunden ein ganz außergewöhnliches Sortiment, alles ist verdreht und bunt. Dies macht diese Boutique so besonders. Süße Kinderkleidung, Dekoartikel und Glückwunschkarten sind bei den Kunden besonders beliebt. Es lohnt sich, für den Besuch dieser Boutique ein wenig mehr Zeit einzuplanen, denn hier wird beim Stöbern in verschiedenem Krimskrams nahezu jeder eine Kleinigkeit erstehen können.

Kellerkino

Beim Kellerkino handelt es sich um das erste und älteste unabhängige Kino der Schweiz. Es liegt inmitten der Altstadt und zeigt Filme, die in den großen Kinos vornehmlich nicht zu sehen sind. Die Besonderheit liegt darin, dass auf dem Spielplan hauptsächlich Schweizer Filme stehen. Das Kino verfügt über 55 Sitzplätze und hat jeden Tag geöffnet. Wer bei seiner Filmauswahl etwas freier ist und sich gerne überraschen lässt, ist hier genau an der richtigen Adresse.

Wie sollte man am besten anreisen?

Im Herzen der Schweiz liegt deren Hauptstadt Bern. Deshalb ist eine Anreise per Auto, Zug oder Flugzeug unkompliziert möglich. Bern ist bequem und einfach zu erreichen und auch für Unternehmungen in und um Bern herum ist ein Auto nicht zwingend erforderlich, denn die Hauptstadt lässt sich problemlos mit öffentlichen Verkehrsmitteln erkunden.

ANREISE MIT DEM AUTO

Die Anreise mit dem Auto kann am besten über die Autobahn erfolgen. Die Autobahnanschlüsse ins Berner Oberland, Genf und Zürich/Basel machen die Hauptstadt bestens erreichbar. Auf Schweizer Autobahnen liegt das Tempolimit bei 120 km/h. Bei Stadtautobahnen liegt es zwischen 60 und 100 km/h. Überdies besteht auf den meisten Autobahnen Mautpflicht. Das bedeutet, dass man eine Vignette kaufen muss, um die Autobahn nutzen zu dürfen. Diese ist für 40 CHF bei Tankstellen, Poststellen, Garagen, Geschäftsstellen des TCS und bei den Straßenverkehrsämtern erhältlich.

Außerdem ist es gut, zu wissen, dass Autos und Motorräder tagsüber mit eingeschaltetem Licht fahren müssen. Ein Verstoß dagegen wird mit einer Buße von 40 CHF belangt. Des Weiteren herrscht Anschnallpflicht. Während der Fahrt müssen alle Fahrzeuginsassen zwingend den Sicherheitsgurt angelegt haben.

Überdies sollte man sich bei einer Anreise mit dem Pkw im Vorfeld darüber informieren, ob das Hotel Parkmöglichkeiten bietet, denn die öffentlichen Parkplätze im Zentrum von Bern sind oftmals

überfüllt. Außerdem sind die Parkgebühren verhältnismäßig hoch. Aus diesem Grund sollte man sich
überlegen, ob man nicht lieber auf die Anreise per
Zug oder Flugzeug umsteigt. Dies lohnt sich jedoch
nur, sofern man in der Nähe eines Flughafens oder
größeren Bahnhofs lebt.

ANREISE MIT DER BAHN

Die Anreise mit der Bahn erfolgt ebenfalls sehr unkompliziert. Der Hauptbahnhof von Bern ist einer
der Hauptverkehrsknotenpunkte der Schweiz. Direkte, regelmäßige Bahnverbindungen sind zu allen
größeren Schweizer Städten vorhanden. Aber auch
die wichtigsten Metropolen Europas sind problemlos vom Berner Hauptbahnhof aus zu erreichen. Innerhalb einer Stunde kann man in die Städte Basel,
Zürich, Interlaken sowie Luzern reisen. Am Hauptbahnhof in Bern ist es nach Ankunft möglich, in die
Tram oder S-Bahn zu wechseln. Das S-Bahn- und
Tram-Netz ist übersichtlich aufgebaut und in verschiedene Tarif-Zonen unterteilt. Es besteht aus 13
Linien und diese verkehren mindestens stündlich.
Allerdings ergänzen sich die meisten Linien zu

einem Viertel- oder Halbstundentakt.

ANREISE MIT DEM FLUGZEUG

Die Anreise mit dem Flugzeug erfolgt über den Flughafen Bern. Dieser befindet sich lediglich zehn Kilometer vom Stadtzentrum entfernt. Wer mit dem Flugzeug anreist, gelangt völlig problemlos in die Berner Innenstadt, denn der Flughafen ist an das öffentliche Verkehrsnetz angeschlossen. Somit werden die Gäste vom AirportBus zum Bahnhof Belp gebracht. Von dort aus können sie mit der S-Bahn zum Hauptbahnhof Bern gelangen. Dieser ist Berns größter Verkehrsknotenpunkt.

Vom Flughafen Bern werden die Flughäfen Basel, Zürich sowie Genf angeflogen. Somit kann man die Schweiz auch problemlos mit dem Flugzeug bereisen.

Wie viel Geld brauche ich?

Besonders in den letzten Jahrzehnten erfreuen sich Städtetrips großer Beliebtheit. Besonders viele junge Menschen nutzen diese Gelegenheit, um in möglichst kurzer Zeit möglichst viel von der Stadt entdecken zu können. Und außerdem klingt es doch sehr verlockend, einen Kurztrip zu unternehmen, um zum Einkaufen, für einen Konzertbesuch oder für den Besuch eines hochgelobten Museums in eine andere Stadt zu reisen. Einfach mal ein Wochenende andere Luft schnuppern, liegt im Trend wie noch nie. Das Internet ermöglicht es, die Reisen bequem und schnell zu buchen. Mit Schnäppchenflügen ist die Zieldestination Bern rasch und günstig zu erreichen. Jedoch genügt nicht lediglich ein günstiger Flug nach Bern. Weiterhin werden ein Hotel sowie ein Ticket für die S-Bahn benötigt. Bei einem Städtetrip möchte man nicht zwangsläufig auf jeden Cent achten. Somit zählen ein Essen in einem schicken Restaurant oder abends ein Cocktail an der Bar ebenfalls zum Standard bei einem Städtetrip.

Die Anreise nach Bern kann problemlos mit dem Auto, Zug oder Flugzeug erfolgen. Reist man mit dem Auto an, sollte man sich zunächst über die Parkmöglichkeiten auf dem Hotelgelände informieren, denn oftmals verfügen die Hotels in Bern über keine eigenen Parkplätze. So sind die Gäste gezwungen, die öffentlichen Parkplätze um das Hotel herum zu nutzen. Diese sind in der Regel kostenpflichtig, weshalb man etwa 30 CHF pro Tag einplanen sollte.

Wenn man beabsichtigt, mit dem Zug nach Bern zu reisen, lohnt es sich, die Reise länger im Vorfeld zu planen, denn die Deutsche Bahn bietet oftmals gute Sparangebote an. Hierbei kann man bares Geld sparen. Ist man allerdings eher spontaner, sollte man für ein Zugticket nach Bern etwa 150 Euro einplanen. Dies ist jedoch vom Abreisebahnhof abhängig. Je weiter die Reiseroute ist, desto teurer ist somit auch das Zugticket.

Gerade aus diesem Grund lohnt es sich, über eine Anreise mit dem Flugzeug nachzudenken, denn für ein Flugticket nach Bern sollte man mit Hin- und Rückflug zwischen 250 und 300 Euro einplanen. Jedoch kann man auch hier Frühbucher- oder Last-Minute-Angebote nutzen und somit bares Geld sparen.

Die Preise für ein Hotel in Bern lassen sich in verschiedenen Preissegmenten ansiedeln. Hierbei spielen die Entfernung vom Stadtzentrum, die Sterne sowie der Service eine entscheidende Rolle. Diejenigen, die weniger Wert auf Komfort und Modernität legen, können bereits für 40 Euro pro Nacht und Person ein Hotel in Bern buchen. Wer allerdings ein luxuriöses Nachtquartier mit vollumfänglichem Service sucht, kann für diesen zwischen 150 bis 300 Euro pro Nacht und Person zahlen.

Ein Städtetrip nach Bern sollte nicht zu sparsam geplant werden. Die Schweiz gilt grundsätzlich als verhältnismäßig teures Reiseziel. In Bern wird

Kultur mit Romantik gepaart. Kultur und Sehenswürdigkeiten ohne die Hektik der Großstadt stehen in Bern an der Tagesordnung. Hier bekommt jeder die passende Attraktion geboten. Die Innenstadt von Bern, wo sich die überwiegenden Sehenswürdigkeiten befinden, ist gut zu Fuß erreichbar.

Deshalb kann sogar teilweise auf ein S-Bahn-Ticket verzichtet werden – je nach Lage der Unterkunft sowie der Sehenswürdigkeiten, die besichtigt werden sollen. Dies muss nicht immer teuer sein. So ist ein Spaziergang durch die mittelalterliche Altstadt von Bern kostenlos und definitiv ein Muss, da sie seit Jahren zum Weltkulturerbe der UNESCO zählt. Das berühmte Einstein-Haus liegt lediglich 200 Meter vom Zeitglockenturm entfernt.

Dieses zieht jährlich tausende von Touristen weltweit in die Berner Altstadt. Wer sich damit zufrieden gibt, das Einstein-Haus von außen zu bewundern, braucht hierfür ebenfalls kein Budget einzuplanen. Soll es nun über die Stadtgrenzen von Bern hinaus gehen, sollte Geld für ein S-Bahn-Ticket eingeplant werden. Dieses kostet pro Person ca. 7,90 CHF. Innerhalb Berns ist S-Bahn-Fahren so unkompliziert wie nie zuvor, denn BERNMOBIL hat eine

App entwickelt, welche es ermöglicht, die richtige S-Bahn zu finden, indem man das Reiseziel sowie die Haltestelle, an der man abfahren möchte, eingibt. Außerdem wird hier ein Netzplan zur Verfügung gestellt. Lästiges Anstehen am Ticketautomaten entfällt ebenfalls, da der Fahrschein über die App online gekauft werden kann.

Museumsliebhaber kommen in Bern ebenfalls auf ihre Kosten. Das Historische Museum von Bern befindet sich außerhalb der Stadtgrenzen in der Nähe des Berner Münsters. In diesem Museum sind zahlreiche Fundstücke der Ur- und Frühgeschichte ausgestellt. Für den Eintritt sollten 13 CHF pro Person eingeplant werden. Das „Zentrum Paul Klee" zieht Kunst-Liebhaber aus aller Welt magisch an. Dieses Museum beherbergt die weltweit größte Sammlung der Werke des berühmten deutschen Malers und Grafikers. Für den Eintritt sollten 20 CHF eingeplant werden.

Nicht nur für Kinder ist der Bärenpark in Bern einen Besuch wert. Liebevoll wurde dieser Park angelegt, der zahlreichen Bären ein schönes Zuhause bietet. Er wurde im Jahr 2009 eröffnet und liegt am Ufer der Aare. Da der Bär das Wappentier der Stadt ist, zieht der Bärenpark zahlreiche Besucher nach Bern. Ein Spaziergang durch den Bärenpark lohnt sich ganzjährig, denn auch bei Schnee und Sonnenschein kann es schön sein, die Bären in ihrem Lebensraum zu bewundern. Der Eintritt in den Bärenpark ist ganzjährig kostenlos.

Nach einem schönen Tag bietet es sich geradezu an, sich ins Berner Nachtleben zu stürzen. Dies glänzt mit seiner Vielseitigkeit. Ballett- und Theatervorstellungen auf einem sehr hohen Niveau bekommen die Reisenden im Stadttheater Bern für rund 30 CHF pro Person geboten. Das Theater am Käfigturm lädt zu Boulevardstücken ein. Liebhaber der Klassischen Musik kommen im Berner Symphonieorchester sowie im Berner Kammerorchester auf ihre Kosten. Die zwei renommierten Orchester der Stadt laden zu einem wundervollen Abend ein. So sollte man für einen Konzertbesuch ca. 50 CHF pro Person einplanen.

Zahlreiche Jazzclubs laden dazu ein, diese ganz besondere Musik bei einem Drink zu genießen. Jedoch hat die Hauptstadt auch noch mehr zu bieten. So ist es auch möglich, bei einer Kurzreise nach Bern zu House, Elektro oder Hip-Hop zu tanzen. Das

Berner Nachtleben lässt keine Wünsche offen. Eine Vielzahl von Clubs und Diskos laden zu durchtanzten Nächten ein.

Aber nicht nur kulturell, sondern auch geschmacklich hat Bern viel zu bieten. So bekommt man im Bernurlaub viele kulinarische Hochgenüsse geboten. Berner Rösti aus Kartoffeln oder die Berner Platte mit Wurst, Speck, Bohnen und Kartoffeln zählen zu den traditionellen Gerichten. Diese stehen in den Wirtshäusern oftmals auf der Speisekarte ganz oben. Besonders bei einem Besuch im Winter sollte man sich das traditionelle Käsefondue sowie das Raclette mit Schweizer Käse nicht entgehen lassen. Diese traditionellen Gerichte dürfen bei keiner Städtereise fehlen. Diejenigen, die es weniger deftig, sondern etwas süßer mögen, sollten auf Naschereien zum Kaffee zurückgreifen.

Hierzu bieten sich Meringe, ein Baisergebäck mit Sahne, oder Meitchibei, ein Nussgebäck mit Hefe, an. Besonders in der Weihnachtszeit erfreut sich der Berner Lebkuchen großer Beliebtheit. Auf diese Gerichte sollte man bei einem Besuch in Bern keinesfalls verzichten. Für ein Hauptgericht sollte man zwischen 30 bis 40 CHF einplanen. Ein süßes Gebäck mit

Kaffee schlägt mit etwa 20 CHF zu Buche.

Nicht nur bei Frauen darf bei einem Städtetrip die Möglichkeit zum Shoppen nicht fehlen. Eine riesige Auswahl an Geschäften jeder Art lässt in Bern die Herzen der Besucher höherschlagen. Shopping bietet zum kulturellen Angebot eine gute Abwechslung. Die obere Altstadt beherbergt zahlreiche Läden, Modeketten, Kaufhäuser und Confisierien. Dort kann man eine große Auswahl an Schweizer Schokolade in verschiedenen Preissegmenten erstehen. Designerboutiquen, Juweliere sowie edle Antiquitäten sind eher in der unteren Altstadt angesiedelt. An jedem ersten Samstag im Monat findet auf dem Münsterplatz ein Handwerkermarkt statt. Dieser ist auch bei Einheimischen sehr beliebt, denn auf diesem Handwerkermärit kann man traditionelle Handwerkskunst erstehen.

Wie viel Geld man nun tatsächlich pro Tag für einen Städtetrip nach Bern einplanen sollte, hängt von den geplanten Aktivitäten ab. Aber grundsätzlich ist zu sagen, dass man für die Anreise mit dem Zug oder Flugzeug in etwa 200 bis 300 Euro rechnen kann. Eine Übernachtung in einem mittelklassigen Hotel schlägt mit etwa 100 Euro pro Person zu Buche. Für das S-Bahn-Ticket sollten pro Tag und Person ca. sieben Euro eingeplant werden. Die Kosten für ein Abendessen in einem Berner Wirtshaus belaufen sich auf durchschnittlich 25 bis 35 Euro pro Person. Der Snack zum Kaffee oder zwischendurch beträgt in etwa 10 bis 15 Euro, je nachdem, wo die Reisenden einkehren. Der Besuch eines Museums kann ebenfalls rasch 10 bis 15 Euro pro Person kosten. Des Weiteren sollten für das Abendprogramm ebenfalls 30 bis 50 Euro pro Person eingeplant werden. Dies ist abhängig davon, ob lediglich ein paar Cocktails in einer schönen Bar auf dem Programm stehen oder ob ein kulturelles Programm genossen werden soll. Für einen netten Abend an der Bar sollte man 30 bis 40 Euro pro Person einplanen. Steht allerdings noch ein Besuch des Stadttheaters oder eines Konzerts an, kann dies problemlos 30 bis 50 Euro pro Person kosten.

Zusammenfassend ist zu sagen, dass ein Städtetrip in die Stadt Bern nicht zwangsläufig günstig ist. So sollte man pro Tag und Person in etwa 100 Euro einplanen, je nach geplanten Aktivitäten. Jedoch sind hierbei die Kosten für An- bzw. Abreise sowie für das Hotel noch nicht inkludiert.

Tipps für den kleinen Geldbeutel

Bei einer Reise nach Bern denken viele sofort an hohe Kosten, denn die Schweiz ist nicht gerade dafür bekannt, sehr kostengünstig zu sein. Jedoch muss eine Städtetour durch Bern nicht zwangsläufig mit hohen Kosten verbunden sein. Sofern man bei der Wahl des Nachtquartiers nicht allzu wählerisch ist, ist es in Bern möglich, günstige Zimmer zu mieten, denn vom Backpacker Hostel bis zum Luxushotel ist in der Hauptstadt jede Unterkunft vorhanden. Diejenigen, die mit einem geringen Budget nach Bern reisen, sollten am besten in einem Hostel übernachten, denn dies stellt eine wirklich preiswerte Variante zur Übernachtung dar. Hier ist eine Buchung als Einzel- oder Mehrbettzimmer möglich. Mithin ist es für Einzelreisende, aber auch für Gruppen und Familien bestens geeignet. Auf jeder Etage befindet sich ein Gemeinschaftsbad.

Außerdem ist ein reichhaltiges Frühstücksbuffet im Preis mit inbegriffen. Außerdem spricht nichts dagegen, sich für den Tag ein wenig Proviant vom Frühstücksbuffet mitzunehmen. Der Service in einem Hostel ist ebenfalls verhältnismäßig gut. So sind Waschmaschine und Wäschetrockner vorhanden. Dies ist gut zu wissen, sofern man mit Kindern reist. Außerdem besteht die Möglichkeit der Gepäckaufbewahrung vor dem Check-In sowie nach dem Check-Out. WLAN gehört in den Hostels mittlerweile zum Standard.

Die Unterkunft in einer Jugendherberge bietet sich ebenfalls für Touristen an, welche sich die Übernachtung verhältnismäßig wenig kosten lassen wollen. Eine Jugendherberge ist jedoch keine Unterkunft zweiter Klasse und erinnert auch nicht mehr an einen Aufenthalt im Landschulheim. Sofern man zu zweit oder in einer Gruppe reist, bietet sich die Übernachtung in einer Jugendherberge geradezu an, denn hier kann man die Übernachtung in Zwei-, Drei- oder Vier-Bett-Zimmern buchen. Dusche und WC befinden sich allerdings auch hier auf der Etage. Die Serviceleistungen sind umfänglicher als in einem Hostel. Zu den Leistungen zählt in jedem Fall immer ein Frühstücksbuffet, Mittag- sowie Abendessen kann auf Anfrage dazu gebucht werden. Lunchpakete für unterwegs sind ebenfalls auf Anfrage erhältlich. Überdies verfügt die Jugendherberge über ein großes Gelände mit gemütlichen Sitzplätzen im Garten. Ein Bett im Mehrbettzimmer ist bereits ab ca. 50 CHF buchbar.

Wer es nun doch lieber etwas familiärer und gemütlicher mag, kann auch auf ein Bed & Breakfast zurückgreifen. Hier bieten lokale Gastgeber kostengünstig einzigartige Unterkünfte an. In der Regel vermieten hier Privatpersonen Einzel- oder Doppelzimmer zu erschwinglichen Preisen. Die Unterkunft kann entweder beim Vermieter direkt oder über diverse Portale gebucht werden. In der Regel ist ein Frühstück im Preis inkludiert und der Gastgeber hat keine Einwände gegen die Mitnahme eines

Lunchpaketes.

Wer sich täglich 7,90 CHF für das S-Bahn-Ticket sparen möchte, kann die Schweizer Hauptstadt auch zu Fuß oder mit dem Fahrrad entdecken. Outdooractive hat elf verschiedene Stadtrundgänge zusammengestellt, die definitiv lohnenswert sind. Mitbringen sollte man jedoch etwas Zeit, denn die Stadtrundgänge nehmen in der Regel einen ganzen Tag in Anspruch. Dennoch stehen sie einer geführten Tour mit dem Bus in nichts nach. Die Berner Altstadt lässt sich bequem zu Fuß erkunden, da die Sehenswürdigkeiten dicht beieinanderliegen.

Deshalb ist es problemlos möglich, gemütliche Laubengänge zu finden sowie das Berner Münster, das Bundeshaus und den Rosengarten zu entdecken. Nicht umsonst zählt der Rosengarten zu einer der schönsten Parks der Stadt Bern. Von hier aus kann man einen einmaligen Blick auf die Berner Altstadt genießen. Auf dieser Tour warten viele schöne Brunnen darauf, bewundert zu werden. Und ein Gang durch den Bärenpark darf natürlich auch nicht fehlen, denn in keiner anderen Hauptstadt lassen sich Bären in ihrem Lebensraum so nah bewundern wie in Bern. Der Eintritt in den Bärenpark ist selbstverständlich kostenlos. Gerade für Familien mit Kindern ist ein Besuch besonders empfehlenswert. Hier haben Groß und Klein viel Spaß und das Ganze natürlich kostenlos.

Eine Radtour um und durch Bern kann ebenfalls für viel Spaß sorgen. Auf Portalen, wie beispielsweise Kommot, haben zahlreiche Radfahrer wunderschöne Touren zur Verfügung gestellt. Da man mit dem Fahrrad schneller unterwegs ist als zu Fuß, lässt sich natürlich innerhalb kurzer Zeit viel mehr von der Stadt entdecken. Außerdem ist es möglich, mit dem Fahrrad die Stadt zu verlassen und hinaus ins Berner Umland zu fahren. Nur wenige Kilometer von der Stadt entfernt befinden sich zahlreiche schöne Radwege. Diese sind gut ausgebaut und teilweise flach, sodass zwar eine Grundkondition vorhanden sein sollte, allerdings muss man sich hierbei auch nicht völlig verausgaben. Wunderschöne Radwege ermöglichen es, ein schönes, unvergessliches Panorama zu genießen. Bei gutem Wetter kann man am Horizont die Alpen bestaunen.

Denjenigen, die kein eigenes Fahrrad besitzen, bleibt eine Radtour dennoch nicht verwehrt. Neuerdings gibt es in Bern die Möglichkeit des

Bikesharings. Dies ist oftmals unkomplizierter, als das eigene Rad im Auto, Zug oder Flugzeug in die Schweizer Hauptstadt zu transportieren.

Es ist die ideale Ergänzung zum öffentlichen Verkehrsmittel für verhältnismäßig kurze Distanzen. Innerhalb des Stadtzentrums führt ein Fahrrad schneller zum Ziel als die S-Bahn oder der Pkw. Außerdem ist es mit dem Fahrrad möglich, an jeder beliebigen Ecke anzuhalten und sich die Stadt anzuschauen. Gerade für Touristen, die kein klares Ziel vor Augen haben und einfach nur Bern erleben möchten, ist Bikesharing eine tolle Alternative. Außerdem ist es auch möglich, E-Bikes auszuleihen. Somit können auch nicht so versierte Radfahrer, die nur über eine Grundkondition verfügen, die Hauptstadt mit dem Fahrrad entdecken. Die Fahrräder können tage- oder auch wochenweise ausgeliehen werden. Dies ist sogar über eine App möglich.

Bei sommerlichen Temperaturen kann ein Bad in der Aare sehr verlockend sein. An dieser Stelle können sich die Touristen das Geld für den Eintritt ins Schwimmbad sparen, denn der Eintritt bei allen Berner Flussbädern, außer beim Aarebad in Muri, ist frei. Dies ermöglicht gerade Familien mit Kindern,

einen aufregenden Tag mit viel Abkühlung zu verbringen, ohne dass der Geldbeutel belastet wird.
Nicht nur bei den Einheimischen ist das Aare-
schwimmen besonders beliebt. Auch immer mehr
Touristen, welche die Schweizer Hauptstadt besuchen, kommen diesem Trend nach. Die Schwimmbä-
der sind mit großen Liegewiesen und Spielplätzen
ausgestattet, sodass die ganze Familie bei einem
Sonnenbad ihren Spaß hat.

Ein besonderes Highlight, nicht nur für Kinder,
stellt das Tropenhaus Frutigen dar. Dort werden
jährlich etwa zwei Tonnen exotischer Früchte pro-
duziert. Außerdem können die Besucher in einem
großen Becken viele Störfische beobachten, zahlreiche schöne Orchideen bestaunen oder aber auf dem
Kaffeepfad den Herstellungsprozess von Kaffee ver-
folgen. Oftmals werden jahreszeitenabhängig diverse Sonderausstellungen angeboten, deshalb
sollte man sich im Vorfeld darüber informieren. Im
Tropenhaus genießen selbst die Kleinsten gute Unterhaltung, denn die Kinderspur animiert die Kinder
dazu, im Tropenhaus auf Entdeckungsreise zu gehen. An verschiedenen Stationen wird ihnen die
Welt der Tropen erklärt. Überdies können sie

spannende Rätsel lösen und verschiedene Aufgaben erledigen. Der Eintritt ins Tropenhaus beläuft sich auf 9 CHF pro Person.

Packliste

Geld & Finanzen

O (evtl.) Auslandswährung
O Bargeld
O Bauchtasche
O Brustbeutel
O Bauchtasche
O EC-Karte
O Kreditkarte
O Notfall-Telefonnummern der Banken
O Portmonee

Hygiene

O Haarbürste / Kamm
O Deo (klein)
O Shampoo
O Kulturtasche
O Sonnencreme
O Taschentücher

O Reise-Zahnbürste und Zahnpasta
O Verhütungsmittel

Kleidung

O Badeklamotten
O Gürtel
O Hosen kurz / lang
O Mütze / Cap / Hut
O Pullover
O Regenjacke
O Schlafanzug
O Socken
O Sonnenbrille
O Sportklamotten / Jogginghose
O T-Shirts
O Unterwäsche

Medikamente

O Blasenpflaster
O Anti-Durchfalltabletten
O Erste-Hilfe-Set

O Fiebertabletten

O Fiebertabletten

O Mückenschutz

O sonstige Medikamente

O Pflaster

O Kopfschmerztabletten

Unterlagen & Papiere

O ADAC Unterlagen

O Adresslisten für Postkarten

O Krankversicherungsnachweis

O Stadtplan

O Führerschein

O Unterlagen für die Unterkunft

O Wasserdichte Hülle für Reiseunterlagen

O Impfausweis

O Mietwagenunterlagen

O Personalausweis

O Reisepass

O Reisetagebuch

O evtl. Studentenausweis

O evtl. Visum
O Zug- / Bahn- / Flugticket

Taschen & Rucksäcke

O Koffer / Trolley / Reisetasche
O Regenhülle für Rucksack
O Rucksack

Schuhe

O Badeschlappen / Hausschuhe
O Schuhe und Wechselschuhe

Sonstiges

O Brille / Kontaktlinsen und Etui
O Buch zum Lesen
O Ohrenstöpsel und Schlafmaske
O Regenschirm
O Reisedecke
O Wasserflasche
O Wörterbuch

Elektronik

O Digitalkamera
O Handy
O Ladekabel
O Kopfhörer
O evtl. Steckdosenadapter
O Power-Bank

Herstellung und Verlag:

BoD – Books on Demand, Norderstedt

ISBN: 9783752866919

1. Auflage

Kontakt: Psiana eCom UG/ Berumer Str. 44/ 26844 Jemgum

Covergestaltung: Fenna Larsson

Coverfoto: depositphotos.com

FSC

www.fsc.org

MIX

Papier aus ver-
antwortungsvollen
Quellen
Paper from
responsible sources

FSC® C105338